行 方 不 明 展

# ごあいさつ

「行方不明」とは、不思議な言葉です。

不安、恐怖、寂寥、郷愁、あるいは憧憬。
「不明」という言葉の真空の先に何を思うかによって、
その意味や印象は微妙に異なってきます。

例えばSNSで「行方不明　なりたい」と検索すると、
そこでは「行方不明」という言葉のもつ余白に対する、
不特定多数の感情を垣間見ることができます。

そして本書「行方不明展」は、
そうした感情や意味、印象の揺らぎを、
疑似的に追体験していただくための展示を書籍にしたものです。

もちろん「行方不明展」で描写されている現象が
すべてフィクションであることは、
事前に強調しておかなければならないでしょう。

本書の目的は、展示物とその背景情報を、
鑑賞者に事実として受容してもらうこと、ではありません。

重要なのは描写される出来事の真贋ではなく、
本書において描写される『ある現象』を通した人々のふるまい——即ち、
「もし『これ』が実際に起こるとしたら、
ひとはどのように振舞うのか」の表現にあります。

それは、憧憬からくる求知心かもしれないし、
不安からくる焦燥感かもしれない。

本書を通して、
あなたとあなたのいる世界に一瞬だけ、
あらたな視座を提示することができれば幸いです。

梨

# 『行方不明展』開催によせて

私たちは日々、さまざまな「存在」に囲まれて生きている。家族、友人、知人、そして見知らぬ人々。街を歩けば、無数の顔が行き交い、それぞれが自分の物語を紡いでいる。しかし、その存在がふつりと消えてしまうことがある。

継続的な不在——それは「行方不明」と呼ばれる。

子供の頃に愛読した『ダレン・シャン』という小説シリーズを思い出す。1巻のクライマックスで主人公のダレンは半吸血鬼となり、人間生活を捨てざるを得なくなる。彼の師匠であるクレプスリーは仮死状態を利用した「事故死の偽装」を命じる。

「逃げ出してみろ。家族がだまっとらんぞ。あっちこっちにポスターをはって、新聞に写真をのせ、警察に写真をとどけるだろう。それでは、いつまでたっても気が休まらん」（ダレン・シャン『ダレン・シャン1 奇怪なサーカス』小学館）

このあと始まるダレンの冒険より、ここで描かれた偽りの死別のほうが印象に残っている。「どこかにいる」という希望と、「もういないかもしれない」という恐怖の間で心は揺れ動く。行方が知れないという苦しみは、時として死別以上に残酷なものとなりうる。それを最初に知ったのがこのときだった。

死者のために墓を建てる習慣がある。

ある人が言うには、死者のために墓を立てるのは、もういない人の居場所を定めるためなのだという。

人間の脳は「死」を理解することが本質的に困難なのかもしれない。頭ではわかっていても、もういない人を視界のどこかに探してしまう。だからこそ墓をつくり「死者はここにいる」という印をつける必要がある。残された者たちにとって、墓標は死者を留まらせる「錨」なのだ。

しかし、行方不明の場合、残された人々にはそのような場所すら与えられない。いなくなった人に似た面影を街なかで見つけるたびに胸をざわつかせ、落胆する。電話が鳴るたび、あの人からかもしれないと期待する。行く末がわからない以上、希望はどこにでも転がっている。それゆえに「もういないのだ」と諦めることもできず、引き裂かれた心を抱えたまま視線をさまよわせることになる。

私たちが本質的に理解できないのは、実は「死」ではないのかもしれない。

それは「いない」という概念そのものなのではないか。

幽霊がいるとかいないとか言って盛り上がるのは、まさにその瞬間、その場所に幽霊がいないからである。

いま、ここに、それは、いない。

この事実を認識するとき、私たちの脳は逆説的に「それ」を知覚する。存在しないはずのものが、意識の中に浮かび上がってくる。

何年か前の夏、廃墟となったボウリング場に入ったことがある。

不良少年たちによって落書きされ荒れ果てた施設内には、当時の設備がほとんどそのまま残っていた。夜逃げ同然で閉業したのであろう。

忘れ去られた8つのレーン。空気は冷たく、埃っぽい。床にはピンやトロフィー、シューズなどの残

骸が打ち捨てられている。隅にあったプリクラ機はモニターが叩き割られていた。

カウンターの上を見ると一枚の写真が置かれている。それは、かつてこの場所で撮影された記念写真だった。どこかのスポーツクラブの会員だろうか、20人ほどの老若男女が写っている。経年劣化によってぼやけているせいで、顔の細部はわからない。かろうじて笑顔とわかる陰影だけが滲みとして残っている。

ガラス片を避けながらバックヤードに進むと、白い紙束が山のように積み上がっていた。

山の上の一枚を、何気なく手に取った。見ると、名前と生年月日、電話番号、住所などが手書きで記載されている。

これがボウリングクラブ入会時に本人が記入した個人情報で、眼の前のうずたかい紙束も全てそうなのだと理解した瞬間、私は血管に冷水が流れていくような感覚と、強い恐怖を感じた。

そのような個人情報を廃墟に放置するなど、許されることではない。しかし、恐怖感はそんな実際的な理由によるものではなかった。

喩えるならそれは、幽霊を見てしまった、というのに近い。

より正確にいえば、私は「不在」を見たのだろう。廃ボウリング場という場で、何百という人々の「不在」と、そこから逆説的に知覚される「存在」を感じてしまったのだ。そして、圧縮された数百人分

の不在が、「いま、ここ」に逆流して押し寄せてくる——そんな空想が頭によぎり、逃げるようにその場を後にした。何を見たわけでもない。「いない」ということが、そのときの私には、たまらなく怖かったのだ。

私たちは「存在」に囲まれて生きているが、無数の「不在」にも取り囲まれている。その不在はときどき私たちの意識に浮かび上がり、今は存在しないはずのものの気配を感じさせる。

いま、ここに、それは、いない。

しかし、残された痕跡は、そこにある。

そして、いま、ここに。それが、あらわれる。

---

品田遊(ダ・ヴィンチ・恐山)プロフィール

作家。著書に「キリンに雷が落ちてどうする」「名称未設定ファイル」(共にコルク)など。
ダ・ヴィンチ・恐山の名義でライターなど多方面で活動。
日記「居酒屋のウーロン茶マガジン」を毎日投稿。

# 目 次

| | |
|---|---|
| 003 | ごあいさつ |
| 004 | 『行方不明展』開催によせて 品田遊 |

## 行方不明展

| | |
|---|---|
| 007 | "身元不明"—「ひと」の行方不明 |
| 035 | "所在不明"—「場所」の行方不明 |
| 057 | "出所不明"—「もの」の行方不明 |
| 085 | "真偽不明"—「記憶」の行方不明 |
| 118 | 行方不明がインストールされる 高瀬隼子 |

身元不明

## 身元不明―プロローグ

「人」に紐づく「行方不明」は、
便宜的に「身元不明」としての展示を収録しています。

この章において重要なのは、
「行方不明になった人」の展示ではなく、
「人に紐づく行方不明」の展示であるという点です。

つまり、
いわゆる「行方不明者」だけではなく、
その人の周辺情報――例えば、
家族や親類、恋人などの情報も含まれています。

この展示物を見ると、
それらがいわゆる行方不明者に関するものだけではなく
**「行方不明」**に関するものだとわかるはずです。

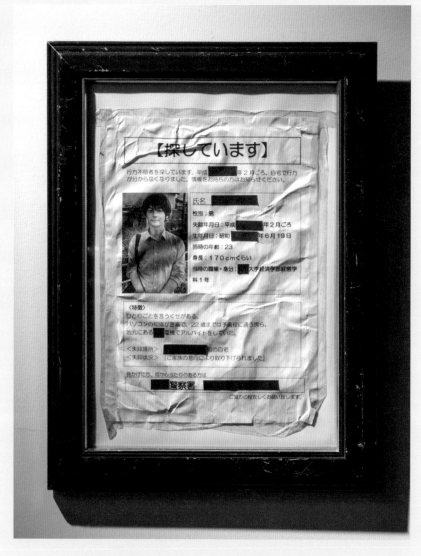

男子大学生の行方不明に関する貼り紙

■町周辺の電柱などに掲示されたものです。
この貼り紙では〈失踪状況〉の項目は伏せられていますが、
ここにいくつかの文章が書かれたバージョンも存在したそうです。
そのバージョンの貼り紙は**すべて散逸しており**、
近隣住民もその内容をほとんど覚えていませんでした。

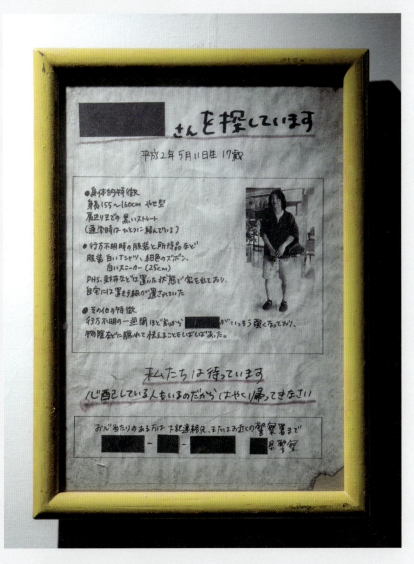

■町の住宅街に掲示されていた貼り紙（1990年代前半）

当住宅街の居住者ではない者による
無許可での掲示であったため、
迷惑行為として剥がされていました。

なお、当時の周辺住民は、
**写真の人物に全く覚えがありませんでした。**

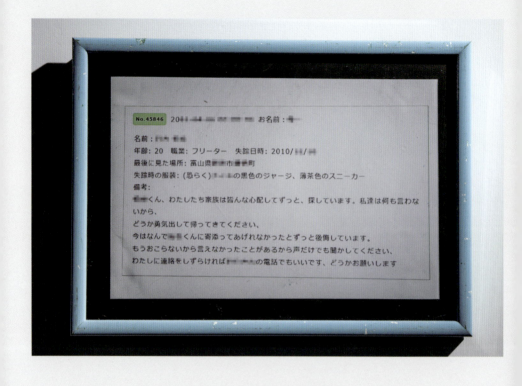

インターネット掲示板に投稿された文章
(2010年代前半)

この書き込みが行われた掲示板は、
ユーザーの減少とホスティングサーバーの停止に伴い、
現在は閲覧が不可能になっています。

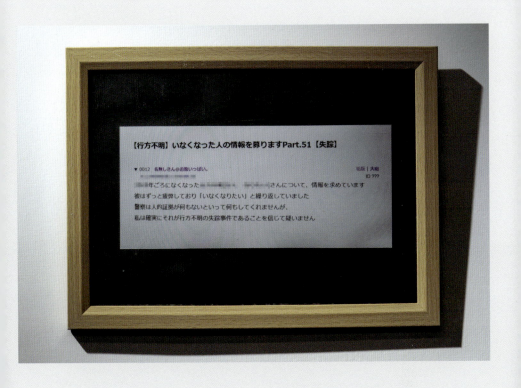

インターネット掲示板に投稿された文章
(2000年代後半)

同様の文章は、「行方不明」というトピックとは無関係に
様々なスレッドで投稿されていたため、
いわゆる「荒らし」の文章として処理されていましたが、
2000年代後半に入ると見られなくなりました。

**「ゆうくん」という名前の人物に関する貼り紙（2014年）**

2014年の冬ごろ、███駅前掲示板などに掲示されたものです。
この貼り紙には、行方不明になったのであろう**「ゆうくん」の写真がもはや存在せず、**
それに伴って**他の様々な写真やイラストから彼に類似する要素を集め、**
「ゆうくん」の容姿を疑似的に組み上げていることが綴られています。

しかし、**「写真が一切存在しない」**などということが有り得るのでしょうか。

■市の民家の玄関に掲示された文書(2003年ごろ)

ある民家の玄関に複数掲示されていた文書です。
定期的に文書が更新されていました。
「今であれば放免とします」「言い訳はもう聞かないので」
といった表現からは、当該人物に対する強い思いが伺えます。

15

息子を探しています

平成はじめごろ(冬ではない)に生まれた高校生です


氏名:な、から始まるのは覚えています

年齢:15〜19歳


・笑ったらかわいい男の子です

・私もあんなに気にかけていたのに思い出せません

## 著しく破損した貼り紙（2007年ごろ）

貼り紙の中央部をはじめとして、
激しい破損の見られる貼り紙です。

2007年ごろに■■市で発見されたこの文書の書き手は、
自身が求めている「**行方不明者**」に関する情報を、
**ほぼ全面的に忘れかけている**ことが分かります。

似顔絵の情報もかなり断片的なものにとどまっており、
「冬ではない時期に生まれた」、
「(名前は)な、から始まるのは覚えている」、
「あんなに気にかけていたのに」という文面からは、
**自身の忘却に対する強い「喪失感」**が示唆されます。

### 娘の捜索を依頼する貼り紙

ある民家の玄関付近にガムテープで貼られたものです。
現在、その家は空き家になっています。

貼り紙の記述をすべて信じるのであれば、
この書き手は夏の夕暮時、娘から「ごめんなさい」「もう全部忘れて」と言われ、
それ以降の彼女の行方は杳として分からなくなっています。

「朝起きると私の目がいっぱい腫れていたから、
それくらい私が愛していた娘だったのだと思います」

いったい、この親子にどのようなやりとりが交わされ、
そして「娘」がどこへ行ってしまったのか、
それを知るすべはありません。

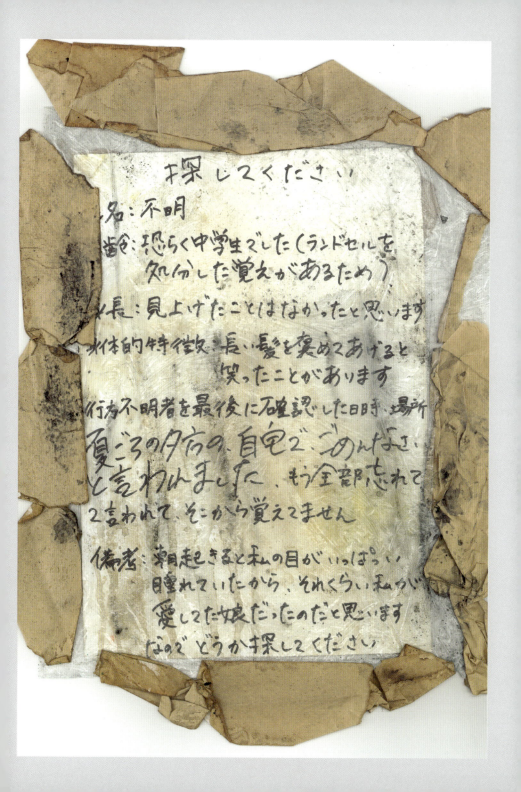

■市に設置されていた防犯カメラ
（2010年）

中部地方で撮影された映像です。

映像から判断すると、撮影された人物はカメラの前を通って以降、
**「戻ってくる姿」を一切見せていません。**

周辺の地形を鑑みれば、このカメラに映らないかたちで
来た道を戻ることは難しいのですが、
該当人物が復路を歩く姿は映像におさめられていませんでした。

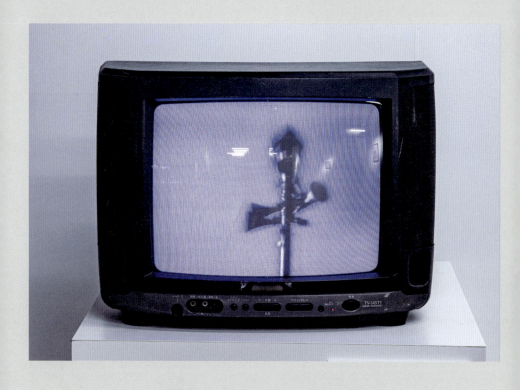

■町にて放送された町内無線

提供者によれば「20年ほど前に買った私物のビデオカメラ」で
撮影されていた映像だということです。

しかし、そこで探されている人物はおろか、
このような映像を撮影した覚えもないそうです。

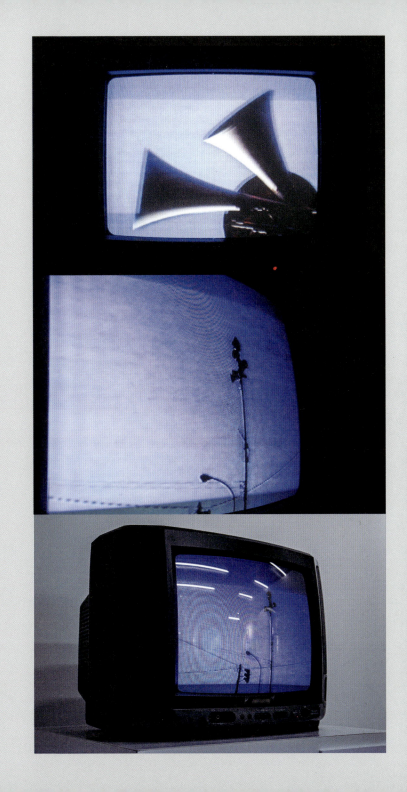

### 複数の携帯電話

とある民家に在住している方から
譲り受けたものです。

「電話が(行方が分からない妻に)繋がらないのは、
**携帯が壊れているから**だと思って、
**別の携帯を試したらいつか会える**かもしれないと思って、
色んな機械を集めて何度も何度も試したけど、
でも、**もういい**」と、譲渡なさいました。

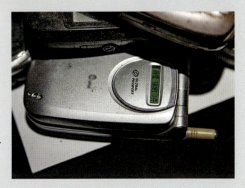

## ある民家に投函された空の封筒

一時期、この家には**「息子さんはどこへ行ったのか」**という内容の
**迷惑電話や手紙**が、後を絶たなかったそうです。

それはほぼすべて**同一人物によるもの**であり、
この封筒もその人から届けられたもののひとつでした。

「これらの写真」という封筒の言葉に反して、
その中には**何も入っていなかった**そうです。

もし、この手紙には、あなた息子
さんの、悲しい思いがはいっています。
どうか思い、出してください

それや、なによりの救いになるのです。

私は心配しています、あなたの息子さんは、

一体どうなってしまうのか、

あなたも息子さんとの思い出が何

でなんだったみたいに、ふろさっていうけれど

この姿は私からしたら友達の痛病とあ

すると葬儀の万宝やられたとしてうつってしまうので

にもあなたみたいに過去の花たちに至くて

二人分えこ、その花たちにも？フンクして言いたい

にすること、惜しくだらい、それを惜してくれんだ。

公衆電話

とある商店街に設置されていた公衆電話です。

この公衆電話が設置されていた周辺で、
「謎の叫び声」を聞いたという通報が相次ぎました。
通報した人々は一様に「確かに中に人がいたのを確かに見たのだが、
姿はぼやけたように思い出せない」と話していたそうです。

その声の内容には細かな異同がありますが、最も多い証言は

「ちゃんと忘れるから　心配しないで」

と泣きながら繰り返し発言していた、というものでした。

この公衆電話は、製品自体の劣化に伴って商店街から撤去され、
一時的に共用の倉庫で保管されていました。
なお、その公衆電話は廃棄予定でした。

29

## 空き家から発見された
## ペットボトル

■■区■■の再開発に伴い、
空き家を取り壊すにあたって、
家の中から発見されたものです。

周辺住民は、該当する住宅には、
何十年も人は住んでいなかったと
話していました。

## バス停のポールに貼り付けられていた袋

とある村の「とある橋前」バス停のポールに貼り付けられていたビニール袋です。
土で汚れたそれの中には、いくらかのお金と手書きのメモが入っており、
そこには「使えなかったらごめんなさい　元気で」と記されています。

まるで、この袋を受け取る人が、
この貨幣を使えないどこかに行ってしまうかのような書き振りです。

# 身元不明

## 「ひと」の行方不明

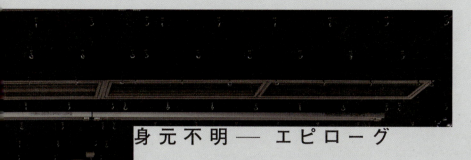

## 身元不明 ― エピローグ

これらが、「人」に紐づく行方不明の記録です。
彼らがどのように行方を晦ましたのかは定かではありませんが、
その痕跡としての展示物からは幾つかの背景情報が見えてきます。

彼らの「行方不明」を取り巻く環境や経緯には、
**一言では言えない、様々なものがあるらしいこと。**

そして、そんな彼らの一部は、
**どうやら「行方不明」という「状態」を求めていたらしいこと。**

なお、「なぜこれを展示物として公開できたのか」を、
不審に思った方がいるかもしれません。
本当に現在も「行方不明」と類別されている
事案にまつわる書き込みなのであれば、
なぜそれを公開できているのかと。

その理由は或る意味で明快でしょう。

貼り紙や書き込みで言及されているこれらの人物は、
**すべて戸籍上で確認できなかった**からです。

その書き手たちが「いなくなった」と呼称する人物は
**元からこの世界に存在した形跡がなく、**
いずれも過誤記憶や悪戯の貼り紙、
あるいは**単なる妄想/フィクション**として結論付けられたのです。

所 在 不 明

# 所在不明 — プロローグ

以降は、「場所」に紐づく行方不明の記録です。

「きさらぎ駅」「時空のおっさん」「Backrooms」——
そんな「存在しない場所」「あるはずのない建造物」というモチーフは、
一種の都市伝説としてインターネット上でもよく話題にあがります。

また、それらの都市伝説の受容のされ方もまた様々です。
自らの人生を断ち切る恐ろしい現象だと忌避し、恐怖する人もいれば、
そこに存在しない世界の不思議を見出し、高揚する人もいる。

これらも、そのような噂レベルの情報として集められた
「所在不明」の空間に関する展示物です。

広義の「場所/空間」の行方不明と、
それに関連する章として、
本書に採用されました。

■■■■中学校の準備室から発見されたウィジャボード

その学校では、ある特異な「学校の怪談」が流布されていました。

いわゆる「こっくりさん」に相当する存在に
「行方不明になる方法」を教えてもらった数名の生徒が、
その翌日に忽然と姿を消した、というものです。

いま展示しているこの紙の書き手は判明していませんが、
紙の隅にはこっくりさんへの「質問文」と思しきものが羅列されており、
**「どうしたらユクエフメーになれますか」の文頭には**
丸が付けられています。

37

## 土砂

その廃墟には、例えるなら有名なネットロア
「地下のまる穴」(2011年)のような、
「別の世界を志向する」目的で集まった複数名の人物が
何らかの詳細不明な活動を行っていた、という噂が伝わっています。

廃墟の中でもひときわ大きな部屋の中には
非常に大きな土の山が形成されていました。

なお映像では、本来ただの輪が見えるはずのフラフープの「先」に、
説明の不可能な何かが映っているように見えます。

この映像は、山中へ下見に行っていたという男性から提供されました。

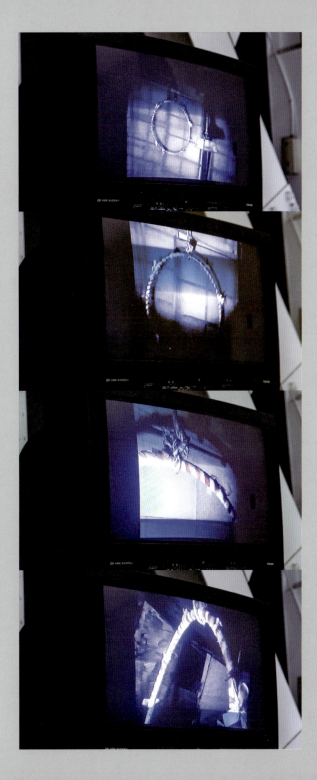

### ある女性の枕元から発見された書き置き

ある女性が起床時に自室の隅で見つけた、小さなメモ用紙です。

この書き置きは、「**六芒星の中に赤い文字で『飽きた』と書いたメモを枕の下に置いて眠ると異世界に行ける**」という、有名な都市伝説を彷彿とさせます。

しかし、女性はその都市伝説にも、**これのメモ用紙自体にも覚えはなく、そもそも筆跡が自分とは全く異なる**そうです。

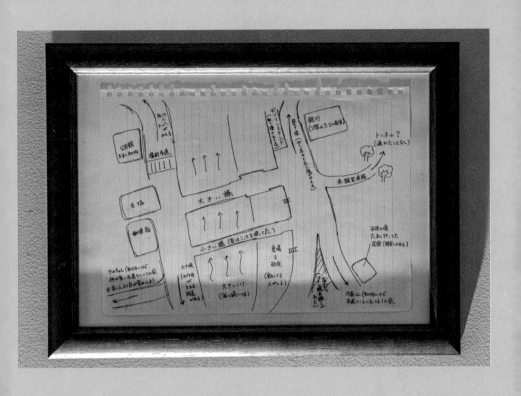

### 「異界駅」の地図

「夢の中でだけ行く街がある」「夢の中でだけ会う人がいる」
そのような体験を持つ方は、たまにいらっしゃいます。

そして、この展示物は、
ある男性が幼少期に見ていたという、
「夢の中でのみ行くことのできた異界駅」の地図だそうです。

彼は様々な事情から、この「夢」以外の
幼少期の記憶を持ち合わせておらず、
それゆえにこの記憶だけは鮮明に覚えているのだといいます。

## 2000年代まで存在したというブログ（再現）

いつしか管理と更新がされなくなり、
放置されている個人ブログのことを、俗に「WEB廃墟」と呼称します。

今や場所すらも分からなくなったその「廃墟」は、
時代を経るごとにその数を減らしています。

そしてこの展示物は、
2000年代後半まで個人で運営されていたブログページを、
その読者の記憶により再現したものです。

「この世界からいなくなれる」ことの魅力を説いていた
このブログはいつの間にか消失し、
アーカイブを見つけることもできなかったそうです。

## 「存在しない景色」に関する貼り紙

**「存在しないのにも拘らず見たことがある」**という、
不思議な景色の写真にまつわる貼り紙です。

■大学の掲示板などに無許可で貼り付けられ、
剥がされては貼り直されるという鼬ごっこが、
数週間にわたって続けられていたそうです。

この写真の情景に**なぜか既視感を覚える**人は、
何故か後を絶たないといいます。

そんな人々は、いったい過去に何を見ていたのでしょうか。

## ある男性が残したボイスメッセージ

現在も消息が分かっていないその男性には、あるライフワークがありました。
それは、巷で起こる**あらゆる**「行方不明」に関する情報を日夜収集してノートに記録するというもので、部屋からは「行方不明者」と表記されたノートが十冊以上見つかりました。

それがあまりにも悪趣味な娯楽であると、両親や友人などから幾度となく叱責を受けていましたが、彼がそれをやめることは**最後まで**ありませんでした。

彼のパソコンに残されていたボイスメッセージの全文を、ここに公開します。

まずは本当に申し訳ございません。特に会社の皆さん、本当に申し訳ございません。

自分は小さい時から行方不明っていうそういうことに魅力を感じる人間で、

人が急にこの世からいなくなったように見えて。
みんながその人を探して生きてるのか死んでいるのかも分からなくて、どこにいるのかも分からなくて。

そういったそのミステリーさに自分はとても魅力を感じてしまう人間で、

そこにロマンを感じてしまう人間でした。
自分がおかしいっていうことは分かってるんですけど、
でもどうしても、自分がもしも行方不明になったらっていう、
欲望願望を1度叶えてみたくて、このような暴挙に出ました。

自分が消えた後にそれがニュースになるのか、
捜索チラシとかになるのか、どれくらいで自分を発見してくれるのか、
そういったことを全て分からないですけど、記録しておいて本当申し訳ないんですけど、
でもネットか何かにまとめて、まとめたいと考えています。

2ヶ月、とりあえず2ヶ月だと思っています。
2ヶ月後には絶対に戻ってこようと思っているので、

だからそこは安心してほしいです。おそらくすごく。

いや、本当に申し訳ございません。
一生に一度のわがままだと思って、どうか許していただければなと思います。

## 「エレベーターで異世界に行く方法」に関する映像

**「エレベーターで異世界に行く方法」**という、
有名なネットロアがあります。

ひとりでエレベーターに乗り、
いくつかの階を移動する。

4階、2階、6階、2階、10階。
10階に着いたら、そこで降りずに5階。

そうして、すべてを中断せずに遂行することが
できれば、**その人は晴れて「異世界」に行くことができる。**

そして、この映像は、
**実際にそれを実行している人の映像であるようです。**

### 被写体のない家族写真

ある老人ホームに居住していた女性が、
必ず自分のベッドの横に立てかけていたという写真立てです。

持ち主の女性は生前、
これが「旅行先の自然公園で撮影したもの」であり、
これが「家族写真」であると、何度も仰っていました。

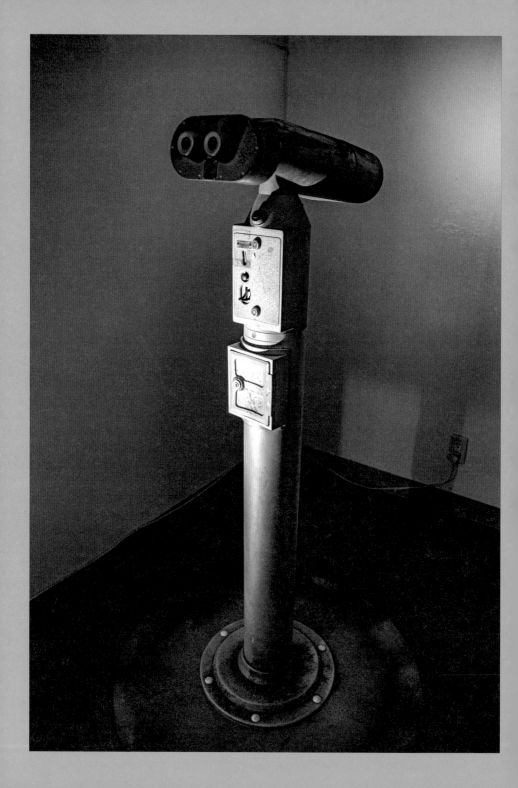

■■■ 渓谷観光協会の事務所で発見された双眼鏡

この双眼鏡は、**レンズが事務所の壁に接するように置かれており**、
壁に穴などがあるわけでもありませんでした。
屋上には他にも複数個の双眼鏡があったのですが、
なぜ一台だけが、そのような置き方になっていたのかは不明です。

なお、その観光施設が営業していた頃には、
**深夜に事務所の望遠鏡を覗き込むと「違う場所」が見える**、
という噂が流行していたそうです。

この事務所は昨年取り壊されました。

### 写真がない写真立て

ある児童養護施設の職員室に設置されていた、
写真が入っていない写真立てです。

職員や児童らは、それが空であるにもかかわらず、
何の違和感も持たずに生活をしていたと証言しています。
（年末に訪れた清掃業者により発見）

また、複数名の児童は、
そこに「きれいな海で撮った写真」が入っていた気がする、
と言及していますが、真相は定かではありません。

空き家の中庭で発見されたビニールプール

■県■市にある空き家の中庭で
2024年8月5日発見された子供用ビニールプールです。
発見当時、中は水で満たされており、悪臭を放っていました。

なお、かつてそこには老人が何年も独りで暮らしていたそうです。

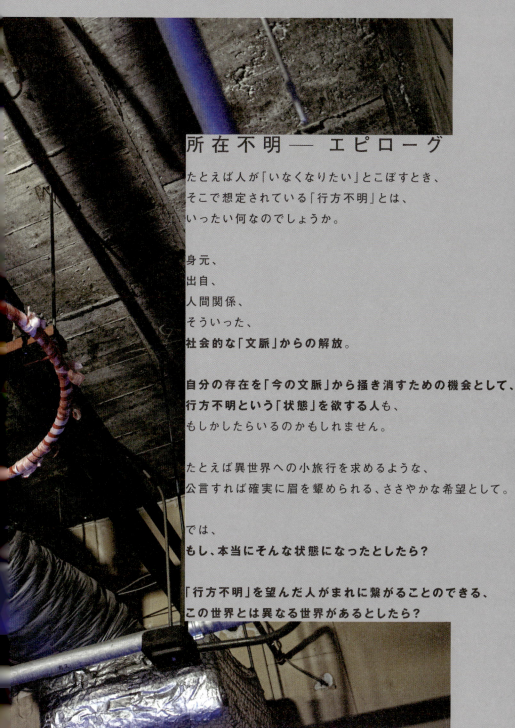

## 所在不明── エピローグ

たとえば人が「いなくなりたい」とこぼすとき、
そこで想定されている「行方不明」とは、
いったい何なのでしょうか。

身元、
出自、
人間関係、
そういった、
社会的な「文脈」からの解放。

自分の存在を「今の文脈」から掻き消すための機会として、
行方不明という「状態」を欲する人も、
もしかしたらいるのかもしれません。

たとえば異世界への小旅行を求めるような、
公言すれば確実に眉を顰められる、ささやかな希望として。

では、
もし、本当にそんな状態になったとしたら？

「行方不明」を望んだ人がまれに繋がることのできる、
この世界とは異なる世界があるとしたら？

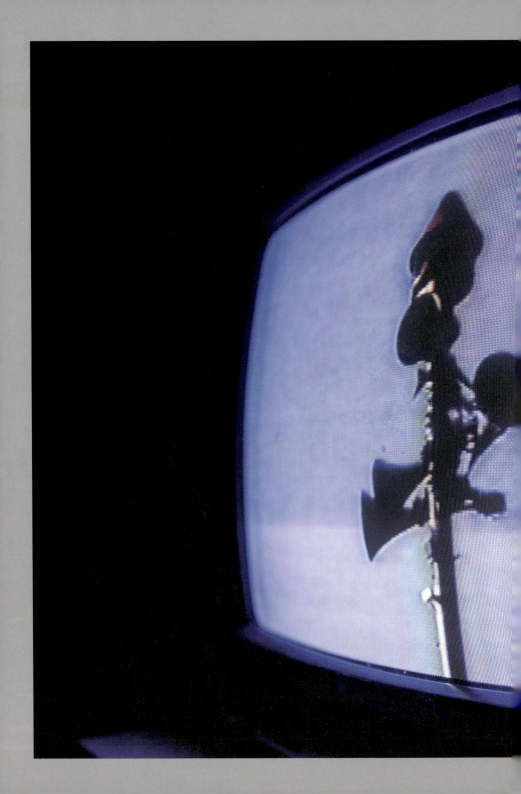

出所不明

# 出所不明── プロローグ

遺留品、という言葉には、
大きく分けてふたつの意味があります。
ひとつが、既にしてこの世にいない方が遺したもの、という意味。
もうひとつが、**持ち主不明の忘れ物**、という意味。

ここで展示するものがどちらにあたるのかは確定できませんが、
いずれも「もの」に紐づく行方不明であることは共通しています。

また、ただの「もの」であっても、そこに紐づく文脈は様々です。

「もの」の持ち主、発見場所、発見時期、など。
それらの要素には、本来存在しない「人」や「場所」、「記憶」なども、
絡まり合うように存在しているのです。

見かけ上は単なる痕跡でしかないそれらに、
我々は何を感じ取るのでしょうか。

■■区■■■■の複数の住宅の郵便受けに
投函され続けた葉書

同一の送り主が周辺住宅に投函した、
「いなくなった息子」の捜索を依頼する手書きの葉書です。

また、どうやら「追伸」は、返送された葉書に
後になって書き足されたものであるようです。

「みんな私のことを可わいそうな目で見て、
**分かったわかったとそっけなくあしらうだけなのです**」

「最近はなぜか、私の心にも（キオクにも？）
**なにか良くないことが起こっているようにも感じます**」

「せめてこの紙を書いていることだけは**思い出せるようにしたい**」

「**おねがいだから、せめて覚えていさしてください**」

その言葉は、自分と「息子」を取り巻くあらゆる「行方不明」に
抗おうとしているようにも見えます。

なお、その年配女性が探していた「息子」なる人物は、
戸籍や住民票を調べても存在が確認できませんでした。

返答を上れるのです。彼は みんなみんな、そんな奴いなり「妄想の産物だ」という懐疑的な目を向けるばかり（口には出しませんが、私のいないところでそういう陰口を言っている

[黒塗り] が、何年か前の明け方に
出たセアリ戻ってきません。ことがありません。
最近はなぜか、私の心にも（キオクにも？）なにか良くなり
近所の方に聞いても聞いてくれません。
ことが起こっている ようにも感じます。元々物忘れが激
どうか捜索を願えませんでしょうか。
いいところはあったのですが、何度も呼び掛けたの感じは
どう書くか、どうやって笑うのか、[黒塗り] 好きなお弁当は何だったか
些細なことも大切なことも、思い出すことができなくなっている
名前 [黒塗り] 二〇才 この紙を書いて
いることだけは思い出せるようにしたい。

特徴 170cmくらい 短髪で早髪で元気
好きな食べ物は煮込みハンバーグで
冬になると風ぜみになるけど食欲はまって元気で
優しい性格です なんでも構いません
母の日には、5才の母の日には笑いながら、おりがみ
のカーネーションをくれた のと忘れたくなりのです。
情報がありましたら [黒塗り] おねがいだから
母せ見えていしてくだすり
（母携帯）まで

追伸：[黒塗り] がいなくなって4.5何年かが経ちましたが
いまだにあの子が姿を見せてくれることはありません。
それどころか、最初は親身になって色々と話を聞いてくだ
さった人たちも、気味悪るがってあきらさまに、距離を取ろう
とするほどです。みんなのことをどうでもよくなった、[黒塗り] と
いうよりは、何も思わなくなってしまったのでしょうか。
電話をしてもいい加減にしろと、電話をセ切られるばかり
になってしまいました。小さいころ [黒塗り] というもトランプや

## ■■郡の山中に棄てられた荷物

山の中で発見されたぼろぼろのナップサックと、
その中にあったコピー用紙です。

この書き手は妻と一緒に死のうとしていたところ、
妻のほうが先に「行方不明」になってしまったようです。

**「もっといい方法が見つかったかも」**、というLINEを残して
**忽然と消えてしまったその人のこと**を、
みんながその瞬間から忘れてしまった、と綴られています。

**「妻はいつも消えたい、全部捨てて逃げたいって言っていて、
僕ももう死にたかったから、同じだと思ったんですが」**

**「妻は行方不明になりたかっただけで
別に死にたいわけではなかったのかもしれないと、思っています」**

このメッセージは、自分の記憶からも消えかけている妻に対する喪失感と、
ある種の気遣いのような言葉で結ばれていました。

**「ただ、もしそうなら、巻き込まなくてよかった、とも思います」**
**「名前も顔も思い出せないですが、すきだったはずなので」**
**「もう、心残りはなくなりました」**

この書き手の行方は、いまだに分かっていません。

■ 樹海の木に置かれていた複数のオブジェクト

木に供えるようにして置かれていた一枚の手紙です。
その言葉は、まるで何かに**祈りを捧げている**ようにも読めます。

「もういちど扉を見せてください」
「今度こそちゃんと入ります」

その人が繰り返し「もう一度」を要求するその扉の先には、
いったい何が広がっていたのでしょうか。

■■■郡の山中に棄てられた荷物

■■■樹海に無断で立てられていた木製の看板です。
そこには、文中では「それ」と表現されている、
**なんらかの現象に関する説明が書かれています。**

「それ」は、いなくなりたいと強く願った人の前に一度だけ現れ、
「それ」を受け容れることで「ここ」からいなくなってしまう。

「私のように選択を誤らないでください」という表現から鑑みると、
恐らく書き手は恐怖あるいは躊躇から「それ」を拒否し、
且つそのことを「誤り」だと認識しているようなのです。

67

## 存在が確認できない企業ロゴが入ったボールペン

不法投棄の多発する、■■市の山中で発見されました。
テレビや冷蔵庫などと違い、棄てられるものとしては非常に小さく、
山の所有者としても取るに足らないものだったそうなのですが。

同時に、気になる点もいくつかありました。
ひとつは、このボールペンが明らかに一度破壊され、
そのうえで無理な修復がなされていたこと。

もうひとつが、このボールペンに記載されているロゴが、
存在が確認できない企業のものだったということです。

詳細不明の家族写真
（1970年ごろ）

東北地方の■■岬で発見されたという、
非常に劣化の激しい家族写真です。

この写真は男性用の革靴とともに発見されました。

この写真の人物はおろか、
写っている場所さえも、
正確なことは一切分かっていません。

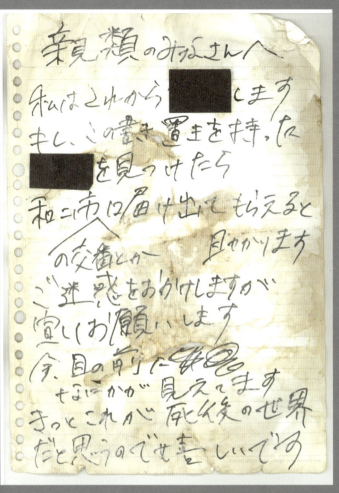

親類のみなさんへ

私はこれから ▮▮ します
もし、この書き置きを持った
▮▮ を見つけたら
和二市に届け出てもらえると
 ／＼の交番とか　 助かります
ご迷惑をおかけますが
宜しくお願いします
今、目の前に ▓▓▓
　　なにかが見えてます
きっとこれが死後の世界
だと思うので嬉しいです

シャツと胸ポケットに入っていたメモ

文中にある「和二市」という地名は、
少なくとも国内には存在しません。

なお、ほどなくして、この書き置きが入ったシャツの
**持ち主であると思われる男性が保護されました。**

男性は**記憶喪失**を主張しており、
いまだに**身元を捜索中**であるとのことです。

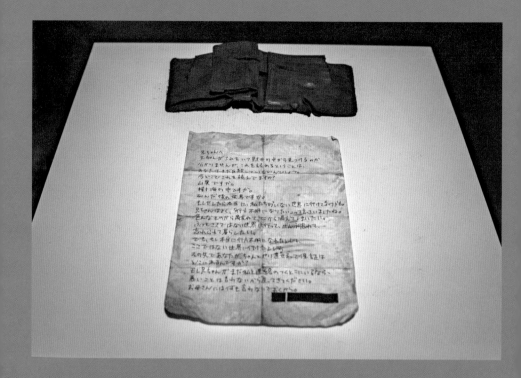

## 財布と手紙

■■山で打ち棄てられていた財布と、その中から見つかった手紙です。
手紙の書き手は恐らく、この財布の持ち主の妹であると思われます。

「今どこでこれを読んでますか？」
「もしかしたら本当に、私たちのいない世界に行けてるのかも」

その書き手は手紙の中で、こんなことを語りかけています。

「兄ちゃんはよく『行方不明になりたい』って言っていましたね」

「でも、もし本当に行方不明になれたとして、
ここではない世界に行けたとして、
その先であなたがちゃんとやり直せるって保証はどこにあるんですか？」

この手紙が入った財布は、
恐らくはこの財布の持ち主――即ち「兄ちゃん」によって、
明確かつ恣意的に損傷され、ずたずたになった状態で見つかりました。

兄ちゃんへ

兄ちゃんがこれをいつ財布の中から見つけるのか
分かりませんが、これを読めるということは、
あなたはまだ自殺していないんでしょう。
今どこでこれを読んでますか?
山奥ですか。
樹海の中ですか。
死んだ後の世界ですか。
もしかしたら本当に私たちのいない世界に行けてるのかも。
兄ちゃんはよく、「行方不明になりたい」って言っていましたね。
色んなものから離れて、ここから消えてしまいたい。
ふっとここではない世界に行って、ぜんぶ忘れて、
忘れられて暮らしたい。
でも、もし本当に行方不明になれたとして、
ここではない世界に行けたとして、
その先であなたがちゃんとやり直せるって保証は
どこにあるんですか?
もし兄ちゃんがまだ私と連絡のつくとこにいるなら、
悪いことは言わないから戻ってきてください。
お母さんには何も言わないでおくから。

高田馬場駅へ移動する　　　　　　　　　　　　　　　高田馬場駅で降りてホームを西武新宿線方面へ移動する

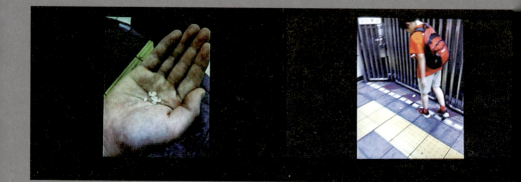

鉄格子の下に塩が置かれている　　　　　　　塩を足で蹴散らす

## 「鬼門を開く方法」に関する写真

「鬼門を開く方法」という、
有名なネットロアがあります。

都内の複数の駅にあるという盛り塩を順番に足で蹴散らしたあと、
電車の中で目を瞑り、祈りながら座っていると、
**その人は晴れて「異世界」に行くことができる。**

そして、この写真は、
**実際にそれを実行している中高生のものであるようです。**

なお、このデータが入ったスマートフォンは、
回送電車の中で拾得物として発見されました。

## 行方不明マニュアル

2010年に出版されたアイリーン・C・ホラン/
フランク・エーハーン著『How to Disappear:
Erase Your Digital Footprint, Leave False Trails,
and Vanish without a Trace』
(The Lyons Press社)をはじめ、
「行方不明/失踪」を求める人に向けた書籍はいくつか存在します。

そして、これは「行方不明」を求める人向けの
マニュアルビデオとして流通したとされる
VHSテープですが、その内容は、
常識から外れた非常に不可解なものだったといいます。

以下に、その台詞の一部を引用します。

「先ほども言いましたが、
完全な死亡偽装に成功した人はいません。
[中略]しかし、それはある意味当然なんです。
こうして紹介できる時点で失踪は失敗なんですから、
**我々が観測できるのは「失敗例」だけなんです。**
わかりますか?
本当の失踪の成功例があるんだとしたら、
**我々はそもそもそれを成功例として知覚できない。**
本当に失踪に成功した人は、そもそも探されることすらなく、
**世界から忘れ去られている**と考えられる」

79

### 鏡

ある家の軒先に、「ご自由にお取りください」という
メモとともに立てかけられていた鏡です。

居住者の女性曰く、この家の洗面台にある鏡を取り外したもので、
これを使用していると「一人暮らしなのに、誰かが後ろから笑いかけてくる」ため、
廃棄を決意したのだそうです。

彼女は、その声に言いようのない懐かしさを感じるものの、
その老齢の男性のような声の正体が何であるかは、
いまだ分からないのだといいます。

香 水

　　ある二世帯住宅で、大掃除の際に
　　棚の奥から見つかったという香水です。

　　香水を使用する人は家族にいないため、
　　不気味がっていたといいます。

しかし、その家族の中で最も若い四歳の男児のみは
　　何故かこの香りをいたく気に入ったらしく、
　そのために捨てることもできなくなっていたそうです。

# 出所不明 ── エピローグ

ここで、**この世界**に通底して発生していると思われる
**「行方不明」という現象**について、
現状で推定される共通点を整理し、列挙してみましょう。
それは、主に以下の四要素に分かれます。

① **何らかの事情で「行方不明」を強く望み、**
　 **願った人**の前に、稀に現れる現象である

② それを受容すれば**「ここではない世界」**に転移する

③ 行方不明になった人に関する**周囲の記憶や痕跡は、**
　 **段階的に失われていく**

④ 転移した先の世界に、**元の世界の記憶や文脈は引き継がれない**


隣の芝は青い、という言葉があります。
自分の住む場所とは違う、隣家の芝が、
より青々としたものに見える。
転じて、自分の持っていないものや、
自分のいない場所ほど魅力的に見える、という意味の言葉。

彼らにとって、
自分のいない「この」世界や、
自分のいない「あの」世界は、
どんなに色鮮やかで、魅力的なものだったでしょうか。

最後の章「真偽不明(記憶の行方不明)」では、
この観点に関する、いくつかの展示物を見ていくことになります。

84

真偽不明

# 真偽不明 ── プロローグ

最後の章は、「記憶」に紐づく行方不明の展示です。

**自分という存在そのものの、**
**身元、所在、出所、果ては真偽さえも、**
**今いる世界から掻き消すことができる。**

もし実際に、そんな現象があったとしたら、
人はそれをどのように感じるのでしょうか。

自分にうってつけのファンタジーだと喜ぶか、
もしくはこれ以上ないホラーだと恐怖するか。

あくまでも、この展示はフィクションでしかありませんが、
どちらにせよ、

それを絶望と断じることも、
**そして希望と称揚することも、**
簡単にはできないことなのかもしれません。

### 家族の絵

ある女性が幼少期に描いた絵です。
その絵には、
(見ようによっては)**不自然な空白がある**ようにも見えます。

なお、彼女は六歳くらいの頃、
突然に「**おにいちゃんがいなくなった**」と
泣き喚いたことがあったそうです。

しかし今の彼女に**そんな記憶はありません。**
そもそも**彼女に兄は存在しません**でした。

▼0384　名無しさん@お腹いっぱい。　　　　　　　　　　　　　垢版 | 大砲
2012/09/05(水) 13:59:06.33　　　　　　　　　　　　　　　　　ID:???

気が付いたら知らない遊歩道に立ってた

それより前の記憶が全然なくて、
実家に連絡しようにも実家がどこか分からないから警察に駆けこんだ

免許証も保険証もないから誕生日もわかんなくて、
医者の先生からはたぶん40歳ぐらいだろうって言われた

この辺で失踪とか捜索願出されてる人を片っ端から当たったけど、
自分は誰にも該当しないらしい

その時着てた、買った覚えもないパーカーのポケットに一枚だけ紙が入ってた
その後でいろんな書類書かされたときの筆跡を見る限りだと、
たぶん自分が書いたんだろうけど、ぜんぜん心当たりはない

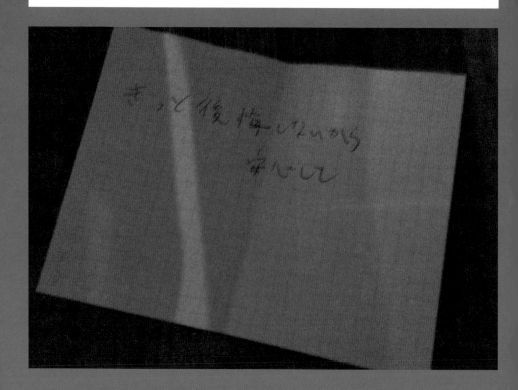

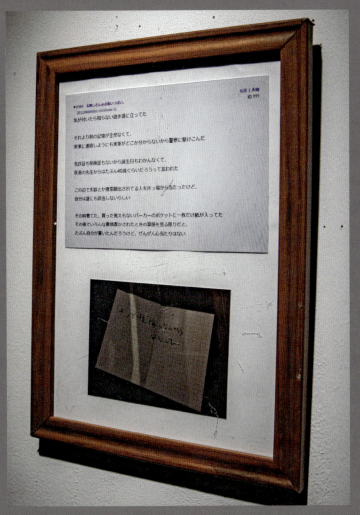

### 自らの体験に関する掲示板の書き込み

この書き込みをしている方は、
**気がついたら自分がこの世界に立っていることに気づいたそうです。**

推定でしかありませんが、年齢はおそらく四十歳程度。
免許証や保険証など、自らの出自を証明するものを持たない状態で
街中の遊歩道に立ちつくしていたところ
近隣住民より通報され、警察に保護されました。

彼自身の筆跡で書かれた
**「きっと後悔しないから安心して」という手紙は、**
まるで「『行方不明』になる前の自分」に宛てた手紙であるようにも見えます。

**複数名が「行った記憶はないが懐かしさを感じる」と回答した図像**

いわゆる「Backrooms(Liminal Space)」に
郷愁を感じるという層は、一定数存在するそうです。

**この世界には存在しない景色の画像を見て、
あるはずのない既視感を覚える**、そんな経験。

人はなぜ、そんな「異世界」の断片に、
懐かしさを覚えてしまうのでしょうか。

行ったことはないのに。
経験したこともないはずなのに。
まるで、**かつてその世界にいた記憶を刺激されている**かのようです。

※画像は「非実在の風景写真に生じる歴史的ノスタルジアの生起モデルの構築」(佐藤, 2023)より引用

## ■■駅に繰り返し貼られた紙

これを書かれた方も先ほどのインターネット上の書き込みと同じく、
自らの社会的文脈をほぼ喪失した状態で、
どなたかに保護されたことが示唆されます。

この貼り紙の書き手は、
**行方が分からなくなってしまった「自分」の記憶を取り戻す**ために、
**「私」を探す貼り紙**を掲示しているようなのです。

捜しています

私は誰ですか？（記憶がありません）

20歳〜30歳くらいと言われることが
おおいです

訛りはないので地方の生まれでは
ない気がします

以前の私は通帳、携帯、など
持って出ていったらしく、
持っていません

代理人 ███ 建設 ███ さんへ
連絡いただけると助かります。

### 自らの記憶に関する質疑

ある男性に対して行われたインタビュー記録です。
彼には二十歳以前の記憶がほとんど存在せず、
あるとしても現実との整合性の取れない過誤記憶であることが分かっています。

彼は常々、自らには「前世」の記憶が存在すると話していました。
その記憶に基づいて、この世界に存在しない景色や情景を
「郷愁として懐かしむ」ことができるのだそうです。

**配信映像に映り込んだトンネル（2021年）**

ある女性によってライブ配信された
「雑談258　さいごに」というページのスクリーンショットです。

彼女はこの放送の数時間後、
視聴者の通報で駆けつけた警察によって、
無事保護されました。

このようなトンネルを■■山から発見することはできず、
彼女もこの動画に映っていたものは「覚えていない」そうです。

手紙

## ある男性の手記

数カ月ほど前、▇▇▇▇公園で保護された身元不明の男性が、保護施設で書いたという手記です。

当時、彼は自らの社会的身分などに関する記憶を一切持ち合わせていませんでした。

以下に手記の内容を一部引用します。

「なんだか、ぽっかりと穴が開いたような気分です
[中略]親も出身地も友人もわかりません
まるで違う世界に来てしまったみたいです」

「最近、よくへんな妄想をしてしまいます
元いた世界に戻れば、
みんな僕のことを覚えて
くれるのでしょうか
こんな世界でなければ、
僕はもっとうまくやれたのでしょうか」

「元いた世界の僕もそう思っていたのかもしれませんが」

なんだか、ぽっかりと穴が開いたような気分です。
体だけ放り投げられたみたいに。気が付いたら
ここにいて、親も出身地も友人もわかりません
まるで違う世界に来てしまったみたいです

最近、よくへんな妄想をしてしまいます

元いた世界に戻れば、みんな僕のことを覚えて
いてくれるのでしょうか
こんな世界でなければ、僕はもっとうまくやれた
のでしょうか　そうであることを願うばかりです

元いた世界の僕もそう思っていたのかもしれませんが.

なお、この男性は
一時的に行方が分からなくなっていましたが、
再度同じ公園で、無事保護されました。

### 犬の散歩の映像

ある男性のビデオカメラの中に残されていた動画です。

家族で犬を散歩している映像に、
途中から不可解な「空間」が映り込みます。

女性は「この動画の撮影日時に散歩をした覚えはない」と
証言しており、そのためこの空間に関する詳細は不明です。

■■■■■■■にアップロードされていたMAD動画

この映像は2009年ごろ、動画共有サービスに投稿されました。
何らかの音楽とともに、町の中を歩く子供や老人、男女を遠目に映していますが、
どれも隠し撮りしたものに見えます。

しばらくして動画は非公開になりました。

「ここに映っている人物たちは今ここにいない」という、
都市伝説が生まれましたが、真相は定かではありません。

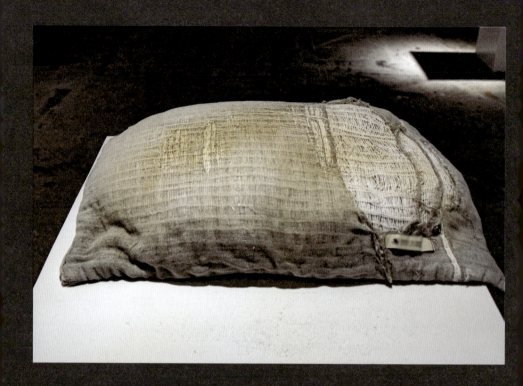

### ある男性が使用していた枕

ある男性が、三十年にわたって使用していたという枕です。
見ての通り、そのカバーや生地は非常に傷んでいますが、
男性がそれを手放すことはありませんでした。

曰く「誰かの匂いがする」とのことだったのですが、
そう感じる根拠や記憶について尋ねても、
要領のある答えが返ってくることはありませんでした。

その男性が枕を使うことがなくなったという連絡を、
ご家族からいただき、今回収録しております。

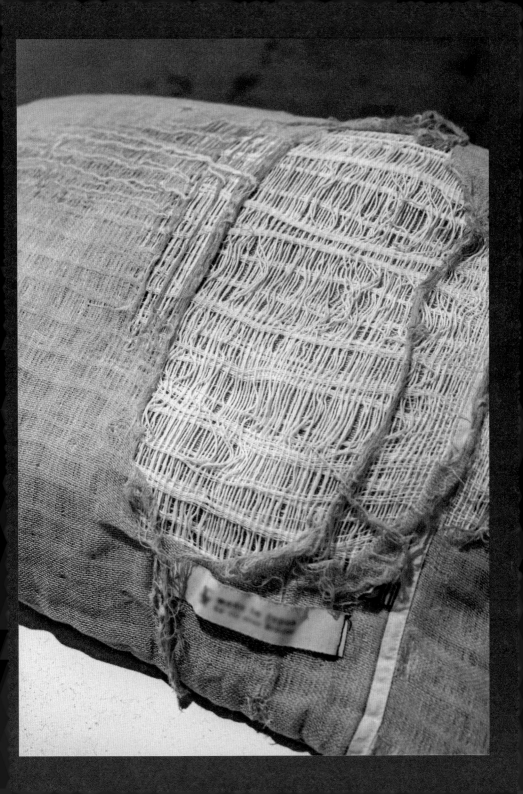

熊のぬいぐるみ

ある女性の生家から見つかったぬいぐるみです。
発見当時、まるで「それと遊んだ記憶ごとそこに押し込んだ」かのように、
壁と棚の間に押し込まれた状態であったそうです。

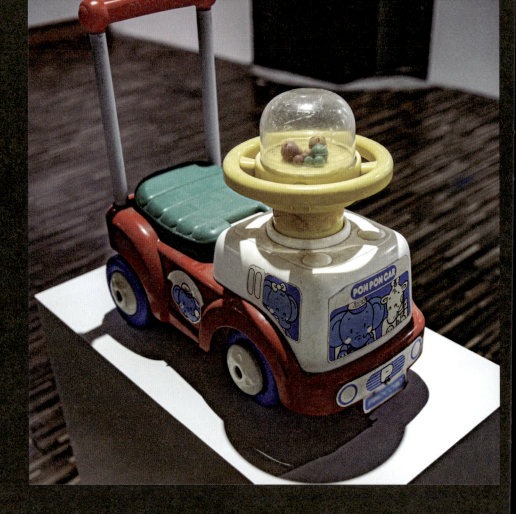

## 倉庫に放置されていた手押し車

ある日本家屋の倉庫から発見された玩具です。
この玩具の型や劣化具合、またその家の家族構成からしても、
そういった玩具で遊んでいた子供はこの家にいなかったはずだと、
住人は語っています。

# 真偽不明 ― エピローグ

ここまでの展示物を読んでいくと、
「行方不明」という言葉に対する、
様々な解釈が見えてきたかもしれません。

しかし、その解釈がどうあれ、
以下の部分が変わることはないでしょう。


それは、


「ここではないどこかへの行方不明を願い、
望みどおりに行方不明になれた人は、
その先の世界で**様々な末路を辿っている**」ということです。

この現象によって全ての文脈から解き放たれた彼らは、
もう一度すべての文脈を作り直す権利を得ました。

その権利を慈悲と取るか、残酷な宣告と取るかは、
当然ながら鑑賞者によって異なります。

繰り返しますが、
**この書籍内の展示および登場人物はすべてフィクションです。**
本書で描写された現象は、**この世界に存在しません。**


そして、とある正体不明の男性のように、
この展示がフィクションであることを希望と取る人も、
場合によっては絶望と取る人もいるかもしれません。


不安、恐怖、寂寥、郷愁、あるいは憧憬。
「不明」という言葉の真空の先に何を思うかによって、
その意味や印象は微妙に異なってくるからです。


ありがとうございました。

# 行方不明がインストールされる　高瀬隼子

　おもしろい展示があるから一緒に見に行こうよと誘われて、「行方不明展」に出かけた。

　日本橋駅前で人と待ち合わせるのは初めてで、東京駅や銀座が近いからか、遊びに出かけている人もスーツ姿の仕事中らしい人たちも、総じて洗練されて見えた。わたしは都内といっても通りを三、四本入れば住宅街が広がるような場所に住んでいるので、「あー東京に来たなー」という気がした。それでそのとおり口に出すと、「まあ、分かる。けど分かんない」と返された。口元だけで笑っている。分かったり分かられなかったりする、この人とわたしは相性がいい。

　入口で立ち止まってきょろきょろと、壁中に貼りだされた行方不明者捜索のポスターを見上げるわたしと違って、連れはすんなりと会場の中に入ろうとする。もしかしてと思って、
「ここに来たの、初めてじゃない感じ？」
　と尋ねると、立ち止まってウンウン頷く。
「言ってなかったっけ。前は一人で見に来て、おもしろかったから誘った」
　映画でも小説でも、一回見たり読んだりすれば満足してしまうわたしからすると、内容が分かっているものを二度も見に来るほどハマる感覚というのは、いまいちつかみ取れない。
「ハマるっていうか、今回に関しては違うかも。内容も、分かってるって言えるんだかどうだか。分からないからもう一度来たくて、分かりたいというより、分かった側にいる自分になりたい？」
　疑問形に語尾を上げる。わたしは「なにそれ。分かんない」と曖昧に笑い、今度こそ会場の中へと進んでいく、その後ろを付いて行った。

　初めは二人で並んで展示を見て回っていた。これ、行方不明者の捜索願いのポスターだって。いや、でもフィクションなんでしょ、この展示は。フィクションは全部嘘ってことになると思う？　そうなんじゃないの、だって、本当だったら困るでしょ。誰が困る？　誰が困るってなに？　どういうことまじで、とひそひそ。会場内は別に、会話禁止ではなかったけれど、なんとなく音量を下げてしまう。わたしの背中に他人のリュックが柔らかく当たり、振り返る間もなくすれ違って行く。

　白い壁に白い床、「行方不明」という響きとは真逆の印象を受けるほど清潔な照明の下で、夜中に取り残されたように物質として暗い公衆電話を、連れが随分と長い間呆然と見つめているので、わたしは近くの壁にあったお札と小銭が入っているビニール袋の展示と、そこに掲げられた説明文に目を通していた。

　ビニール袋にはかすかに土っぽい汚れが付き、中に「使えなかったらごめんなさい　元気で」というメモが同封されている。今拾ってきたばかりのような生々しさがある。ついさっき、路上で誰かが行方不明になったばかりのような。

　考えてぞっとし、いやいやフィクションだから、と自分に言い聞かせるように思い出す。これはフィクションだから、嘘だから、大丈夫。

　そうしているうちに、連れも次の展示の前へ移り、真剣な表情で眺めていたので、お互いになんとなく別々に見てまわる空気になった。とはいえ完全にバラバラになるのではなくて、視界の端で互いの存在を確認しながら、時々はアイコンタクトを取って、壁で仕切られた隣の展示室へ移る

タイミングなどは合わせ、離れ離れにならないようにしていた。

　入場前にはもっと恐ろしい空間を想像していたのだけど（だからこそ連れもホラー小説やホラー映画、オカルト話が好きなわたしを誘ってくれたのだろうと思っていたのだけれど）、実際の会場は不穏な音楽が流れているわけでもなく、唐突に動き出す人や物といったギミックで驚かせる仕掛けがあるわけでもない。お化け屋敷ではないのだ。ただ「展示」をしている。行方不明に関することを。

　ひとつひとつの展示物は不気味で、気持ちが晴れるものではないが、恐ろしくてここにはもういられないと落ち込むほどではない。むしろ、あまりこわくない。なぜだろうか。ひとつ、ひとつと、自分のペースで見てまわりながら考える。

　ホラーやオカルト作品で扱われることが多い、呪いや心霊、あるいは妖怪とは違って、行方不明には「行方不明になりたい」という本人の意思があるからかもしれない。一方的で理不尽な呪いや怪異とは決定的に異なる、「こうしたい」という希望。現実に起こる行方不明の原因は事件や事故かもしれないが、ここで展示されている行方不明の多くには、「行方不明になりたい」という意思が感じられた。はっきりと強く、いっそ明言されているような展示もあったが、そうではない、一見意味が分からないものにも、全体をうっすらと糸よりも細い、綿や煙でつなぎ合わせたような交わり方が漂っている。だからだろうか、言い方がおかしいかもしれないが、なんだか……。

「ちょっとだけ、明るい感じがする」

　ちょうど近くの展示を見ていた連れの傍に寄って、そう囁くと、一瞬はっとしたような表情になってわたしの顔を見たが、すぐに展示の方へ視線を向け直して、無言で頷いた。

　わたしたちの前にはくたびれた枕があった。白い枕だったが、長く使い込まれるうちに蓄積し、洗ったところでもう落ちないのだろう汚れ感がある。端はほつれ、糸が一本垂れていた。「ある男性が使用していた枕」だって、とわたしが添えられた説明を読み上げる。その説明を目にする前から、なんとなくこの枕の使用者は男性だろうという気がしていた。白で無地の枕なんて、どこにも性別にかかわる情報がないのに、どうしてそんなふうに感じていたのだろうか。

「誰かの匂いがするって言って、使ってたんだ」

　説明文を読んでさらにそう口にするけれど、隣に立つ相手は小さく頷くだけで言葉は返ってこない。この人とは一緒にいて居心地がいいけれど、確かにこの展示は一人で見ていたいような気もする。一緒にいるために離れることも必要なのだなあ、と考える。わたしは少し離れた場所で流れている映像を見るため、枕の傍から離れた。

　「行方不明マニュアル」というタイトルが付いたビデオテープが、古い型のブラウン管テレビで流されているのを見ながら、頭の中では違うことを考えていた。

　誰かの匂いがするからその枕を使うっていうのは、少し分かる。二十歳になったばかりの頃、付き合っていた恋人にフラれた。忙しいし半年くらい付き合ってみたらそんなに好きじゃなかったって気付いたから、というのが破局の理由だった。別れ話は路上で唐突に告げられたのだけど、相手の

家に服や化粧品を置いていたので、そのまま二人で歩いて行った。泣きながらだったか、キレながらだったか、自分の情緒も表情も思い出せないが、とにかくわたしは手早く私物をまとめていた。部屋にあった大きな紙袋をもらって、そこに詰めていった。もう必要のないものもあったけれど、捨てておいてと残していくのも気持ち悪くて、使いかけの化粧落としオイルや歯ブラシも残さず入れた。その流れで紙袋に突っ込んだのが、その家にあった枕だった。

当時、わたしも相手も学生で、一人暮らしをしていた。ベッドもシングルサイズの狭いもので、枕も一つしかなかったから、その部屋に泊まる時はぎゅうぎゅうに詰めて同じベッドで眠るか、諦めて座布団とクッションを並べた床で寝ることもあった。関係の後半は後者の方が多かったような記憶がある。いずれの場合も、一つしかない枕を使うのは相手の方だった。わたしは枕がなくても寝られるたちだから。

だからそれは、わたしのではなくて、相手の枕だったんだけど、わたしはそれを私物をまとめた紙袋の中に入れた。紙袋の上から少し飛び出していたから、相手にも枕を持ち帰っていることに気づかれたはずだけど、止められることもなく、わたしはそれを自分の部屋に持ち帰ることに成功した。

他人の匂いがする枕。わたしは枕がなくても寝られるたちだけど、あれを使って寝ていたんだっけ。それとも隣に添えて、匂いを吸いながら寝ていたんだっけ。わたしの方がフラれたから、わたしには未練があって、別れてもまだ相手のことが好きだったんだっけ。だけど別れたきり、二度と連絡しなかったし今どこでどうしているか知らないし、

枕のことは思い出したけれど、相手への気持ちを引きずった記憶はない。顔もぼんやりとしたイメージしかないし、名前は忘れてしまった。竜、が付いていた気がするけど、気のせいかもしれない。

枕があって、匂いがあって、安心して満たされていたなあって、思い出すあの頃のことは、いっそわずかに幸福ですらある。ああ、それに似ているんだろうか。この会場の空気。幸福というのは言い過ぎに違いないけれど、行方不明、探しています、どなたかあの人を見かけませんでしたか、と悲しそうな声を上げているのは、行方不明になられてしまった方で、行方不明になった人は不幸そうではない。

ふと、意識が目の前の展示に引き戻される。「行方不明マニュアル」のビデオはまだ続いていた、というより最後まで再生された動画が頭出しされてもう一度流れている。画面の中で男が告げる。

「我々が観測できるのは行方不明の失敗例のみです。成功した行方不明は、認識もされないのですから」

会場を出た時、眩暈がした。体のバランスを崩しかけたけれど、一人で踏み留まる。

一歩外に出るとそこは日本橋の大通りで、日はとっくに暮れていた。真夏の熱気が地面から頭の上までを覆うように溜まっていた。たくさんの人が駅に向かって歩いていて、車もひっきりなしに走り抜けていく。ここにはたくさん、人がいる。ほんの十秒立ち止まって眺めているだけで、何十人もの人々がわたしの隣をすり抜けて行く。そのうちの何人が、これまでの人生でたったの一度も「消えてしまいたい」と思ったことがない人だろうか。

「行方不明」にばかり触れていたせいか、自分の中に「行方不明」が新しくインストールされたような心地がした。

地上の熱気から逃れるように地下通路へ降りる。地下鉄に乗って帰る前に、どこかのカフェに入ろうと思った。歩き疲れていたし、喉も乾いていた。今さっき触れてきた「行方不明」というものが、どういった意味をもって自分の中にあるか、考えながらメモも作りたかった。鞄の中にはいつも持ち歩いているノートとペンがある。

地上と同じく無数の人々が行き交う地下通路を少し進んだところに、コーヒーショップがあった。店内を覗くと、サンドウィッチとコーヒーで軽い夕食をとっている人も多く、混みあっていた。二人掛けの席は埋まってしまっているな、仕方ないから他の店を探そうか、と後ろを振り返りかけて動きを止める。急に止まったので首の筋がビクリと引きつった。

わたしは誰に声をかけようとしたのだったか。

いつの間にか止めていた息を吐いて、もう一度店内を見渡すと、カウンター席が一つだけ空いていた。会社帰りらしいスーツ姿の女性と男性の間に挟まるようにして座り、鞄からノートを取り出して広げた。

行方不明、と書いてみる。どうかそれがあなたにとって望みどおりの形で整っていますように、と続けて書き、わたしはどうしてこんなことを思いついたのだろうか、としばらく手を止めて自分の書いた文字を見つめる。先ほど振り返りかけて痛めた首筋に手で触れる。そこは、じっとり熱を持って汗ばんでいた。

---

### 高瀬隼子プロフィール

小説家。1988年愛媛県生まれ。2019年『犬のかたちをしているもの』で第43回すばる文学賞を受賞しデビュー。
2022年『おいしいごはんが食べられますように』で第167回芥川賞、2024年『いい子のあくび』で第74回芸術選奨文部科学大臣新人賞を受賞した。

写真=嶋田礼奈

**梨**

ホラー作家。幼少期に『八尺様』を目にし、
ネット怪談に目覚める。2021年にnoteで発表した『瘤談』が話題に。
2022年には漫画『コワい話は≠くだけで。』の原作を担当し、
初著『かわいそ笑』を刊行。各分野で活躍中。

**株式会社闇**

ホラー×テクノロジー「ホラテク」で、新しい恐怖体験をつくりだす
ホラーカンパニー。「怖いは楽しい」で"世界中の好奇心を満たす"を
ミッションとして、お化け屋敷など
様々な場所でホラーをプロデュースする。

**大森 時生**

1995年生まれ。2019年にテレビ東京へ入社。
『Aマッソのがんばれ奥様ッソ!』『Raiken Nippon Hair』
『このテープもってないですか?』『SIX HACK』「祓除」
「イシナガキクエを探しています(TXQ FICTION)」を担当。
Aマッソライブ『滑稽』でも企画・演出を務めた。
2023年「世界を変える30歳未満
Forbes JAPAN 30 UNDER 30」に選出された。

# 行方不明展

**2024年12月25日　第1版第1刷発行**

| | |
|---|---|
| 著者 | 梨×株式会社闇×大森時生 |
| 発行人 | 森山裕之 |
| 発行所 | 株式会社　太田出版 |
| | 160-8571 東京都新宿区愛住町22　第3 山田ビル4 階 |
| | 電話 03-3359-6262 |
| | Fax 03-3359-0040 |
| | HP https://www.ohtabooks.com |

| | |
|---|---|
| 印刷・製本 | 株式会社　シナノパブリッシングプレス |

ISBN　978-4-7783- 4004 -9

C0095

© Yukue-Fumei 2024, Printed in Japan

乱丁・落丁はお取替えいたします。
本書の一部または全部を利用・コピーするには、
著作権法上の例外を除き、著作権者の許可が必要です。

| | |
|---|---|
| 寄稿 | 品田遊（ダ・ヴィンチ・恐山）　高瀬隼子 |
| カバーデザイン | 大島依提亜 |
| 本文デザイン | 円と球 |
| 撮影協力 | 石塚 真 |

本書で紹介した行方不明者を
捜索する必要はありません。